Konstanzer Universitätsreden
Begründet 1963 und herausgegeben bis 1981
von Gerhard Hess, ab 1982 von Horst Sund

139
ODO MARQUARD
KRISE DER ERWARTUNG –
STUNDE DER ERFAHRUNG

Zur Feier des 60. Geburtstages von Hans Robert Jauß mit einer Ansprache
des Rektors der Universität Konstanz, Horst Sund

ODO MARQUARD

KRISE DER ERWARTUNG –
STUNDE DER ERFAHRUNG

ZUR ÄSTHETISCHEN KOMPENSATION
DES MODERNEN ERFAHRUNGSVERLUSTES

HORST SUND

LAUDATIO ZUM
60. GEBURTSTAG VON
HANS ROBERT JAUSS

1982

UNIVERSITÄTSVERLAG KONSTANZ GMBH

ISBN 3 87940 204 3

© Universitätsverlag Konstanz GmbH, Konstanz 1982

Gesamtherstellung:
Universitäts-Druckerei Konstanz GmbH, Konstanz

LAUDATIO

des Rektors der Universität Konstanz
Professor Dr. rer. nat. Horst Sund

Sehr verehrter, lieber Herr Jauß,
meine sehr verehrten Damen,
meine Herren,

am 12. Dezember 1921 wurden insbesondere in Frankreich, aber auch an vielen anderen Plätzen Feierlichkeiten abgehalten, man feierte den hundertsten Geburtstag von Gustave Flaubert. Ob dieser hundertste Geburtstag des großen Dichterts wegbestimmend war für den an diesem Tage geborenen Hans Robert Jauß? Dafür spricht, daß seine Heidelberger Antrittsvorlesung, mit der er 1957 – zum hundertsten Jubiläum der »Madame Bovary« – seinen akademischen Weg begonnen hat, dem französischen Dichter und seiner »Education Sentimentale« gewidmet war, an der er seine Erzähltheorie entwarf. Ein ebenso berühmter, im selben Jahr 1821 geborener Zeitgenosse, Charles Baudelaire, stand gleichfalls im Mittelpunkt der Forschungen von Hans Robert Jauß: seine letzte Publikation ist eine Interpretation und Rezeptionsgeschichte des Gedichtes »Spleen«, verfaßt, um den Horizontwandel des Verstehens und damit die jüngste Lesertheorie des heutigen Jubilars zu erläutern.

Schlägt man eine Zeitung vom 12. Dezember 1921 auf, dann sind die vorherrschenden Themen ein Treffen zwischen den Ministerpräsidenten von Frankreich und England, Aristide Briand und Lord George in Chequers, wo sie über die Reparationsleistungen Deutschlands diskutierten, das Viermächteabkommen über den Frieden im Indischen Ozean sowie die Hoffnung, daß bald ein Friedensvertrag zwischen England und Irland zur Gründung eines irischen Staates ohne Ulster abgeschlossen würde. In der Innenpolitik hatten wir es auch damals mit wirtschaftlichen Problemen zu tun, wenn auch die Verhältnisse zu jener Zeit erheblich schwieriger waren als heute, damals erhielt man für eine Deutsche Mark lediglich knapp vier Schweizer Rappen.

Man sieht, die nationalen und internationalen Probleme sind geblieben, man kann eine gewisse Kontinuität, wenn auch nicht gerade im Positiven verzeichnen, aber das läßt doch hoffen, daß auch in Zukunft die anstehenden Probleme bewältigt werden, so wie in den letzten 60 Jahren und davor. Was alles ist passiert in diesen 60 Jahren: Inflation, Weltwirtschaftskrise, das Dritte Reich kam und ging, und wir überlebten den Zweiten Weltkrieg mit seinen zahlreichen Nachfolgeproblemen.

Unser heutiger Jubilar wurde vor 60 Jahren in Göppingen geboren, er besuchte in Esslingen und Geißlingen das Gymnasium, verließ es 1939 mit dem Notabitur, um sogleich Soldat zu werden. Vom 23. Oktober 1939 bis zum 2. Januar 1948, also fast neun Jahre, diente er in der deutschen Wehrmacht und war in Gefangenschaft. Er gehörte zu den Jahrgängen, die den Krieg von Anfang bis Ende mitmachen mußten, aus dem gerade aus seiner Generation so viele nicht zurückkehrten.

Bereits während seiner Soldatenzeit suchte er auf eigene Faust seine Studien in Philosophie, Geschichte, französischer und deutscher Literatur zu betreiben, konnte wenigstens nebendienstlich ein erstes Semester in Prag beginnen und die Jahre der Gefangenschaft zum Selbststudium und zur Absolvierung von Kursen nutzen. Der Spätheimkehrer hat, als er 1948 endlich in Heidelberg sein reguläres Studium aufnehmen konnte, in nur vier Jahren seine Dissertation über Marcel Proust verfaßt, wurde mit ›summa cum laude‹ promoviert und hat sich nach weiteren fünf Jahren 1957 als Assistent bei Gerhard Hess mit einer Arbeit über die mittelalterliche Tierdichtung für romanische Philologie habilitiert.

Der eindrucksvolle und erfolgreiche weitere Werdegang von Hans Robert Jauß läßt sich am besten an Hand der folgenden nüchternen Daten verdeutlichen: 1959 außerordentlicher Professor in Münster, zwei Jahre später, also mit 40 Jahren, Ordinarius in Gießen. 1964 lehnte er einen Ruf nach Würzburg ab, um dann

1965 den Ruf nach Konstanz auf einen Lehrstuhl im Fachbereich Literaturwissenschaft anzunehmen.

Wenn man sich auf eine solche Ansprache vorbereitet, sieht man natürlich in den Akten nach und aus dem damaligen Bericht zum Berufungsvorschlag, den die Universität Konstanz dem Ministerium vorlegte und der von Waldemar Besson erarbeitet wurde, liest man unter anderem: »Als Forscher wie als Lehrer, als Reformer wie als Organisator gleich aktiv, wird Jauß für Konstanz zweifellos ein Gewinn sein.« Eine vorausschauende, sich als richtig erweisende Aussage.

Der zweite Brief von Hans Robert Jauß, der in seinen Akten zu finden ist – hier soll lobend erwähnt werden, daß sich der vorhandene Schriftwechsel praktisch ausschließlich mit Vorschlägen zur Reform, mit seinen Forschungsunternehmungen und mit der Repräsentierung der Konstanzer Literaturtheorie auf Gastprofessuren befaßt, also mit Dingen, die eines Wissenschaftlers wirklich würdig sind, leider vermißt man von staatlicher Seite eine gewisse großzügige Behandlung seiner Anträge – in diesem zweiten Brief vom 12. November 1964 an unseren Gründungsrektor, Gerhard Hess, macht er deutlich, daß er mit seiner Berufung die »Konstanzer Chance einer Reform ab ovo« sieht. Nach Konstanz übergesiedelt, hat er von Anfang an am Aufbau unserer Universität gestaltend mitgewirkt. Sie sind, lieber Herr Jauß, ein Stück Geschichte dieser Universität. Sie beginnt, wenn man so will, am 26. März 1966, als Sie zusammen mit den Herren Aebli, Besson, Dahrendorf, Maier, Nesselhauf, Peisert und Preisendanz die Urkunde aus der Hand des damaligen Ministerpräsidenten, Kurt Georg Kiesinger, zur Ernennung als Professor an dieser Universität erhielten.

Ich erinnere mich noch gut an die Zeiten, als Sie 1967 und 1968 wie auch ich als Dekan im Senat saßen, und Sie haben im Laufe der letzten 15 Jahre in fast allen Gremien der Universität aktiv für ihre Reform mitgewirkt und im besonderen von 1970 bis 1972 das verantwortungsvolle Amt des Vorsitzenden des Ausschusses für Lehrfragen innegehabt, ein Amt, das heute durch einen Prorektor versehen wird, so daß man sagen kann, daß auch Sie als Prorektor tätig waren. Zusammen mit Herrn Kambartel und Herrn Rabe haben Sie sehr wesentlich an der Gestaltung der Prüfungs-, Promotions- und Habilitationsordnungen mitgewirkt. Sie haben den Gründungsauftrag sehr ernst genommen. Wichtig war, daß Sie im Bereich der Forschung auch initiativ und organisatorisch gewirkt haben, so durch die Mitbegründung der Forschungsgruppe »Poetik und Hermeneutik«, der Fachbereichskolloquien sowie der Einrichtung des Postgraduiertenstudiums »Theorie der Literatur und der Kommunikation«.

Nach dem Lesen der Vita gewinnt man den Eindruck, daß nach einer kurzen Wanderung über Münster und Gießen Konstanz *der* Ort für Hans Robert Jauß war, an dem er sich voll entfalten konnte, und ich habe den Eindruck, daß er dies auch so sieht. Für die Universität Konstanz darf ich wohl mit Befriedigung feststellen, daß sie zu dieser Entfaltung hat beitragen können. Das ist eigentlich alles, was eine Universität für ihre Forscher tun kann.

Während seiner Konstanzer Tätigkeit war er als Gastprofessor an der Freien Universität in Berlin, in Zürich, an der Yale University, an der Columbia University, in Dubrovnik, an der Sorbonne, an der ungarischen Akademie der Wissenschaften und letztes Jahr in Moskau bei der Akademie der Wissenschaften im Institut für Weltliteratur »Maxim Gorkij« tätig. Besonders die letztere Tätigkeit ist von Bedeutung, weil Hans Robert Jauß erstmals als Vertreter der neuen westdeutschen Literaturwissenschaft in Moskau Vorträge hielt, um die in Konstanz durchgeführten Forschungen und die sie begleitende Theoriebildung zu repräsentieren. Dazu kommen natürlich noch eine Vielzahl von Gastvorträgen unter anderem in Dänemark, Frankreich, Holland, Italien, Norwegen, Schweden, Jugoslawien, Ungarn und Rußland. Während seiner Konstanzer Tätigkeit erhielt Hans Robert Jauß einen ehrenvollen Ruf an die Yale University in Amerika als Nachfolger des deutschen Emigranten Erich Auerbach am Department of French. Mit diesem Ruf war beabsichtigt, daß Herr Jauß mit einer in Yale bereits bestehenden Forschungsgruppe den Aufbau eines »Centre for Advanced Studies in Theory of Literature« inaugurieren sollte. Das wissenschaftliche Werk von Hans Robert Jauß läßt drei Schwerpunkte erkennen, die sich auf wichtige Etappen in der Wissenschaftsentwicklung der Nachkriegszeit beziehen. Es sind dies: 1. Das Problem der Zeitlichkeit, das durch Heideggers Existentialontologie aufgeworfen worden ist; 2. die Fremdartigkeit historischer Epochen, wie die des Mittelalters, die Ernst Robert Curtius zum Thema gemacht hat, und 3. die Forschungen zur Rezeptionsästhetik, die der Beschreibung von Aufnahme, Verstehen und Anwendung des Verstandenen durch den historisch dokumentierten Leser gelten.

1. In seiner Dissertation über Proust hat er den gelungenen Versuch unternommen, Zeitstrukturen im Roman als ein basales Merkmal moderner Literatur zu erweisen. Zeitlichkeit ist als eine Klammer verstanden, die es ermöglicht, Gegenwart und Erinnerung in ein ständig wechselndes Verhältnis zu setzen, um dadurch die Möglichkeit zu eröffnen, Realität im Roman als eine ständig expandierende abbildbar zu machen.

2. Der darin zur Geltung kommende hermeneutische Ansatz hat seine Arbeiten zum Mittelalter in hohem Maße geleitet. Die Studien, die im Gefolge seiner Habilitationsschrift entstanden und in dem Band »Alterität und Modernität« zusammengefaßt sind, machen die Hermeneutik Gadamers für eine Epoche fruchtbar, die weitgehend durch eine Form positivistischen Forschens in die Ferne gerückt war. Die Mittelalterstudien versuchen, eine Vorstellung vom Vergangensein der Vergangenheit zu entwerfen, durch die zugleich immer eine bestimmte Erhellung der Gegenwart erfolgt, aus der eine für sie fremd gewordene Geschichte gesehen wird. Damit hat er wichtige Anstöße für die zentrale Frage geliefert, wie Fremdes überhaupt als solches verstanden werden kann.

3. Seine zentralen Arbeiten gelten jedoch dem, was heute Rezeptionsästhetik genannt und international als *Konstanzer Schule*

bezeichnet wird. Mit diesen Arbeiten hat er wesentlich zu einem Paradigmawechsel in der Literaturwissenschaft beigetragen. Galt bis dahin das vorwiegende Forschungsinteresse der Produktionsästhetik und damit der literarischen Darstellungsleistung, so ist es seinen Arbeiten zu danken, daß die Rezeption der Literatur überhaupt zum Gegenstand wissenschaftlicher Auseinandersetzungen geworden ist. Er hat den von Karl Mannheim übernommenen Begriff des »Erwartungshorizontes« als eine wichtige Kategorie in die Diskussion um die Rezeption eingeführt, durch die sie theoriefähig wurde. Es gelang ihm zu zeigen, in welchem Maße literarische Texte immer vor dem Horizont bestimmter Erwartungen erscheinen und in welchem Maße die Kompositionsprinzipien der Texte von den herrschenden Einstellungen des angesprochenen Publikums abhängig waren. Dadurch sind die Möglichkeiten gegeben, eine Rezeptionsgeschichte zu entwickeln, die erkennen läßt, welche epochalen Konventionen dominant waren, angesichts der verschiedenartigen Rezeption des identischen Werkes. Insofern liefert die von ihm betriebene Rezeptionstheorie Aufschluß über die Kulturphysiognomie historischer Epochen.

In Fortführung dieses Ansatzes hat er die Eigentümlichkeit ästhetischer Erfahrung herausgearbeitet, indem er nach den gemeinsamen Grundbedingungen der historisch so unterschiedlich dokumentierten Rezeptionsweisen von Literatur fragte. Ist ihm ästhetische Erfahrung die Möglichkeit, jene Gemeinsamkeiten herauszustellen, so gilt die von ihm vertretene Methode einer Hermeneutik von Frage und Antwort der Aufklärung der jeweiligen Verschiedenheiten, die sich in den dokumentierten Resultaten bezeugen. Hans Robert Jauß hat in diesen Arbeiten eine Historik der literarischen Rezeption entworfen und dadurch der Beschäftigung mit Literatur zu einem Gegenwartsinteresse verholfen.

Obgleich Jauß und Iser als ein Dioskurenpaar verstanden und mit der Konstanzer Schule der Literaturwissenschaft identifiziert werden, bestehen doch erhebliche sachliche und methodische Unterschiede, die allerdings aufeinander bezogen sind. Was daher als

Rezeptionsästhetik der *Konstanzer Schule* bezeichnet wird, ist nicht von jener Einheitlichkeit, wie es eine solche Klassifizierung nahezulegen scheint. Im Prinzip verbergen sich hinter diesem Begriff zwei unterschiedliche Orientierungen, die sich bei aller Wechselseitigkeit ihrer Beziehungen voneinander abheben. Rezeption, wie sie Jauß versteht, nimmt die Phänomene dokumentierter Textverarbeitung in den Blick und ist folglich in starkem Maße auf historische Zeugnisse angewiesen, in denen sich Einstellungen und Reaktionen als bedingende Faktoren der Aufnahme von Texten bekunden.

Gleichzeitig aber ist der Text selbst eine »Rezeptionsvorgabe« und damit ein Wirkungspotential, dessen Strukturen Verarbeitungen in Gang setzen und bis zu einem gewissen Grade kontrollieren. Wirkung – Iser – und Rezeption – Jauß – bilden zentrale Forschungsansätze der Rezeptionsästhetik, die angesichts ihrer verschiedenen Zielrichtungen jeweils mit historisch-soziologischen – Rezeption – beziehungsweise texttheoretischen – Wirkung – Methoden arbeiten. In letzter Instanz unterscheiden sich beide aber durch die Zielrichtung. Jauß möchte durch eine hermeneutische Methode die Geschichte der Literatur zum Paradigma für die Beschreibung von Geschichte machen, Iser dagegen versucht, durch eine phänomenologische Methode deutlich zu machen, inwieweit Literatur als Produkt unserer Einbildungskraft Rückschlüsse auf unsere anthropologische Ausstattung erlaubt. Deshalb zielt Jauß auf eine Historik der Literatur, Iser hingegen auf eine Kulturanthropologie der Literatur.

Lassen Sie mich in diesem Zusammenhang erwähnen, daß es für einen Rektor sehr befriedigend ist, in einer Übersicht über »Modern Literary Theory« der University of Oxford zu lesen, daß nach zwölf Themenbereichen mit der Behandlung des russischen Formalismus, des modernen französischen Strukturalismus, der marxistischen Theoretiker Lukács und Goldmann, die Veranstaltung mit »The Phenomenology of Reading: Iser«, »The Aesthetics of Reception: Jauß« und mit »Literature and Commitment: Sartre«

abschließt. Was könnte die internationale Bedeutung von Jauß und Iser besser belegen? Das kommt auch zum Ausdruck durch die am 13. April 1967 gehaltene Antrittsvorlesung »Literaturgeschichte als Provokation der Literaturwissenschaft«, die inzwischen in der achten Auflage erschienen ist und in 15 Sprachen übersetzt wurde, zuletzt in das Koreanische, Ungarische und Polnische.

Bei dieser wissenschaftlichen Bedeutung bleiben Ehrungen und die Bildung von Schulen nicht aus. Die Heidelberger Akademie der Wissenschaften hat Hans Robert Jauß zu ihrem Mitglied ernannt, und er ist der erste Ehrendoktor unserer Universität, der in seiner aktiven Zeit diese Ehrung erst kürzlich durch die Universität Toulouse erfahren durfte. Zahlreiche Schüler von Hans Robert Jauß tragen heute als Ordinarien das in Konstanz erarbeitete Gedankengut der modernen Literaturtheorie weiter, es sind dies die Herren Neuschäfer, Nies, Bender, Stierle, Warning und Gumbrecht.

Das erwähnte Zitat aus dem Berufungsvorschlag hat sich bewahrheitet. Es war für die Universität Konstanz ein großer Gewinn, daß Hans Robert Jauß den Ruf nach Konstanz angenommen und hier zusammen mit seinen Kollegen eine moderne Literaturtheorie entwickelt hat, die als *Konstanzer Schule* bekannt wurde und erheblich zum Ansehen unserer Universität beitrug.

Darf ich in diesem Zusammenhang auch sagen, daß nicht nur Hans Robert Jauß, sondern auch Helga Jauß für uns ein großer Gewinn war? Ein Gewinn für die Konstanzer Kommunalpolitik und damit auch für die Gewährleistung, daß universitäre Anliegen im Gemeinderat von ihr als Stadträtin vertreten wurden. Ich möchte deshalb in den Dank der Universität, den wir Ihnen, lieber Herr Jauß, am heutigen Tage abstatten, auch Ihre Frau mit einbeziehen. Im Namen aller Mitglieder unserer Universität gratuliere ich Ihnen sehr herzlich zu diesem Tage, und ich bin sicher, daß Sie auch in Zukunft so aktiv wie bisher an der Weiterentwicklung der von Ihnen gelegten Grundlagen einer modernen Literaturtheorie weiterarbeiten werden. Ad multos annos!

FESTVORTRAG

von Professor Dr. phil. Odo Marquard

Würdiger Jubilar, lieber Hans!
Hochverehrte gnädige Frau!
Sehr zu verehrende offizielle Respektspersonen!
Meine sehr verehrten Damen, werte Herren!

Im »*Epitre à l'auteur du livre des trois imposteurs*« von Voltaire steht ein berühmter Satz[1], den ich hier folgendermaßen abwandle: Wenn es Hans Robert Jauß nicht gäbe, müßte man ihn erfinden. Aber just das hat Hans Jauß – der (mit seinem ausgeprägten Sinn fürs Präventive) nichts dem Zufall und weniges von dem, was gut getan werden muß, anderen zu tun überläßt – natürlich längst schon vorsorglich selber getan, zumal es – wie wir durch Sartre wissen – auch und gerade im Falle der Existenz den Menschen obliegt, sich zu erfinden. So bleibt bei dieser Erfindung von Jauß durch Jauß – wohl ganz im Sinne des Erfinders – dem Referenten einzig die rezeptionsgeschichtliche Perspektive übrig. Soweit man dabei aufs Akademische blickt, ist der rezeptionsakademische Existenzbeweis dieser: Jauß wirkt, also ist er; und das primäre Beweismittel – wenn auch beileibe nicht das einzige – ist die Jauß-Schule, die es ansehnlich gibt: der Beleg wiederum dafür ist – nur scheinbar paradoxerweise – die Tatsache, daß ich hier rede: einer, der von Hans Jauß mehr als nur viel gelernt hat, der aber nicht zu seiner Schule gehört; gerade das beweist, daß es diese seine Schule gibt: denn es ist üblich gerade in Schulen, daß bei Jubeldaten, die ihren obersten Schrittmacher befallen, ein Externer das Wort ergreift; und das ist gruppendynamisch weise: es schont die internen Rivalitäten, die es in jeder guten Schule gibt, und es festigt ihre Reihen schon allein durch die Einvernehmlichkeit der Evidenz, daß jedes Mitglied der Schule an diesem Tage die Jubelrede kundiger hätte halten können als der, der hier nun wirklich redet. Ich aber, dieser wirkliche Redner, darf mich dafür bedanken, daß man mir die Nähe zutraut und den Abstand konzediert, die nötig sind, um hier am heutigen Jubeltage – diesseits von Introspektion und Inspektion – in einer Rede die richtige Mitte zu versuchen zwischen – einerseits – Bezugnahme auf die Jubelperson und – andererseits – jener Sachbezogenheit, die – gerade im Sinne dieser Jubelperson – über der Sache das Persönliche scheinbar gänzlich vergißt.

Der Philosoph hat überdies die exzentrische Position des Externen auch in bezug auf die literaturwissenschaftliche Fächerzone und ihre Fragen; dies verschafft ihm, das heißt mir, jenes Naivitätsprivileg, das es ermöglicht, hier heute ein Thema aufzugreifen, das – mit dem Stichwort »Erwartung« an den literaturwissenschaftsprovokanten Begriff des »Erwartungshorizontes«[2] erinnernd und mit dem Begriff »Erfahrung« an den hermeneutischen Begriff der »ästhetischen Erfahrung«[3] – im Felde der Experten natürlich längst weiterdiskutiert ist, bei dem ich aber die Chance habe, es durch eine bedingt vorsätzliche Diskussionsstandunterbietung produktiv zu verfremden, indem ich – vielfach schon Getanes noch einmal tuend – die Frage aufwerfe und erörtere, die mich plagt: Wie – im poetisch-hermeneutischen Reiche des Ästhetischen – kommt es und woran liegt es, daß der Begriff der »ästhetischen Erfahrung« gerade gegenwärtig fundamental und zur titeldringlichen Losung wird? Ich möchte – dabei die Lizenz des Philosophen zu sehr pauschalen Äußerungen reichlich in Anspruch nehmend – einige Erwägungen formulieren, die zu einer Antwort beitragen könnten, und ich tue das hier in drei Anläufen. Das bedeutet – obwohl die Metapher des Anlaufs aus dem Bildfeld des Weitsprungs stammt und gerade so hier auch gemeint ist – nicht, daß ich hier große und weite Sprünge machen werde; sondern ganz im Gegenteil: Ich werde hier nur dreimal übertreten – übertreten zu Hans Robert Jauß. Meine drei Anläufe benenne ich folgendermaßen: Erster oder rezeptiver Anlauf; zweiter oder interdisziplinärer Anlauf; dritter oder subversiver Anlauf. Damit zum Start.

1. *Rezeptiver Anlauf oder die Stunde der Rezeptive*

Ich wiederhole zunächst meine Frage: Wie kommt es und woran liegt es, daß der Begriff der »ästhetischen Erfahrung« gerade gegenwärtig fundamental und zur titeldringlichen Losung wird? Meine Antwort auf diese Frage versuche ich durch folgende These: Der Wichtigkeitsgewinn der »ästhetischen Erfahrung« resultiert aus einer elementaren – gerade für die moderne und gegenwärtige Welt charakteristischen – Krise der Erwartung, die wesentlich zusammenhängt mit dem modernen Erfahrungsverlust. Diese These muß ich natürlich erläutern, um sie verständlich zu machen, und auch, um zu deklarieren, wo und bei wem ich ihre Bestandteile zusammengestohlen habe. Vielleicht kann ich diese These dabei sogar ein wenig plausibel machen, wobei dann auch plausibel werden muß, wieso mit Erwartung und Erfahrung – was das Ästhetische betrifft – primär gerade Rezipientenbefindlichkeiten entscheidend bedeutsam werden. Für diese Erläuterung meiner These knüpfe ich zunächst an einen Satz an, der das literarische Leit-Genus der modernen Welt – den Roman – betrifft und im ersten Buch von Hans Robert Jauß steht, in *»Zeit und Erinnerung in Marcel Prousts ›A la recherche du temps perdu‹. Ein Beitrag zur Theorie des Romans«* aus dem Jahr 1955 auf den Seiten 51/52; dort heißt es: »Wenn es richtig ist« – was Ortega y Gasset behauptet hatte –, »daß dem realistischen Roman seit Zola der große Abstand zu einer mythischen Idealität fehlte, so darf andererseits vom Zeit-Roman Th. Manns, J. Joyces and M. Prousts gesagt werden, daß er sich wieder gegen einen Mythos richtet, der hoch genug ist, daß aus seiner Auflösung poetische Substanz gewonnen werden kann: der Mythos der Geschichte.«[4] Soweit dieser frühe Jauß-Text.
Die Rezeptivisten (gerade die in Konstanz) versichern uns, daß ein Text keinen Sinn an sich hat: So hat – meine ich, um den Rezeptivisten gerade hier am Bodensee nicht unhöflich zu widersprechen – auch dieser Text keinen Sinn an sich, den ihm ein Jauß an sich gegeben hätte, sondern auch dieser Satztext von Hans Jauß

aktualisiert sich in Rezeptionsversionen. Meine Rezeptionsversion dieses Satzes nun ist die folgende: Der moderne Zeit-Roman gehört – wie der moderne Roman überhaupt – in die neuzeitliche Geschichte der Gewaltenteilung, und zwar so: Romane sind Literatur und manchmal Kunst; Kunst jedoch wird nicht nur gegen Kunst gemacht und gelesen, sondern ist stets auch Antwort auf Fragen[5], die nicht nur aus Kunst bestehen; in diesem Sinn ist der moderne Zeit-Roman – der das neuzeitspezifische Genus Roman fortschreibt und (nach dem Vorgang von André Gide) mit dem *»Zauberberg«* von Thomas Mann, dem *»Ulysses«* von James Joyce und der *»Recherche«* von Marcel Proust konsequent macht – die Replik auf den bedrohlichen Grundmythos der modernen Welt: auf den Mythos – den Monomythos – der einen einzigen Weltgeschichte. Dabei richtet sich dieser Zeit-Roman – etwa durch »Aufhebung der epischen Distanz« und des »memorialistischen Erzählgestus«[6] – nur sekundär gegen die »antiquarische Historie«, die als Geschichte nur gelten läßt, was schon vorbei und abgeschlossene Vergangenheit ist. Denn primär richtet er sich – indem er auf »Offenheit«[7] besteht – gegen jene Geschichte, gegen die schon ihre Antiquarisierung die Notwehr war: gegen die eine Weltgeschichte, die primär nicht Erinnerung ist, sondern Erwartung, und zwar jene, durch die die Menschen finalisiert werden zu bloßen Instrumenten der Fortschrittsvollendung. Gegenüber diesem Finalisierungsanspruch dieser modernen Alleingeschichte sichert der moderne Roman – insbesondere der moderne Zeit-Roman – den Menschen Freiheit, indem er sie – polymythisch – in viele Geschichten verstrickt und dadurch jeden Menschen vom Zwang befreit, zusammen mit allen anderen Menschen nur noch eine einzige Geschichte haben zu dürfen[8]. Wie aber stets bei den Menschen – deren endliche Freiheit ja keine Selbstbestimmung ex nihilo ist – gelingt auch diese Freiheit nur durch die Teilung jener Gewalt, deren Zugriff diese Freiheit bedroht: eben – divide et narra! – durch Gewaltenteilung. Darauf darf gerade ein philosophischer Skeptiker hinweisen: denn Skepsis ist der Sinn für

Gewaltenteilung bis hin zur Teilung auch noch jener Gewalten, die die Überzeugungen sind[9]. Diese Teilung – die isosthenes diaphonia, die Balance – der Überzeugungen sichert die ataraxia, die Gemütsruhe des einzelnen just so, wie die politische Gewaltenteilung die »Freiheit der Bürger« sichert als – wie Montesquieu sagte – jene »Ruhe des Gemüts, die aus dem Vertrauen erwächst, das ein jeder zu seiner Sicherheit hat«[10]. Diese politische Gewaltenteilung aber wird modern begleitet durch jene ästhetisch-narrative Gewaltenteilung, die der moderne Roman vollzieht durch die Teilung jener Gewalt, die die Geschichte (im Singular) ist, in jene einander balancierenden Gewalten, die die Geschichten (im Plural) sind, welche die Romane erzählen. Ich betonte also zunächst nur dies: Seit der Roman modern wurde, indem er die eine Weltgeschichte in viele Geschichten teilte, gehört der moderne Roman – auch er und gerade er – in den neuzeitlichen Prozeß der Gewaltenteilung: als die Teilung der Geschichte in Geschichten.

Diesen Vorgang der ästhetischen Gewaltenteilung hat der moderne Zeit-Roman – von dem Hans Jauß an der zitierten Stelle spricht – nur radikalisiert: indem er den Romancier und den Roman sozusagen endgültig von jenem Vorbild löste, das bisher der göttliche Schöpfer und seine Schöpfung für sie waren. Denn für die Gewaltenteilung der Geschichte in Geschichten genügt es nicht, daß – beim Schaffen – der Mensch sich Gott gegenüber selbständig macht als Autor, wenn er die göttliche Allwissenheit weiterhin nachahmt, und daß – beim Geschaffenen – der Mensch seine Kunstwerke von der Ähnlichkeitspflicht gegenüber Gottes Schöpfung entbindet, wenn sie deren vermeintliche Abgeschlossenheit weiterhin imitieren[11]. Darum mußten schließlich beim Roman (ebenso wie bei den anderen Gattungen und Künsten) beide Gewalten – Schöpfer und Werk – »arretiert«, das heißt verendlicht werden durch eine dritte Gewalt: und das war der Leser, der Rezipient, dem – im Roman unseres Jahrhunderts – weder Autor noch Werk mehr definitiv vorschreiben wollen, wie er zu lesen, zu rezipieren hat. Im gewaltenteiligen Reiche der

Literatur – wo es die Gewalt des Autors gibt, die Kreative, und die Gewalt des Werkes, die Operative – kam also dadurch jetzt eine dritte Gewalt ins Spiel: das war die Stunde der Rezeptive. Der Rezipient wurde von der Kunst ermächtigt und dann von der Literaturwissenschaft entdeckt: nicht – wie es manchem lieb gewesen wäre – als Zensurbehörde, auf die man sich herausreden kann, wenn man im Namen des Fortschritts Lektüren vermeiden oder verbieten will, sondern gerade im Gegenteil: als der Wille zur Vielfalt der Lektüren. Diesen Rezipienten betonte die rezeptionsgeschichtliche Schule: Der Rezipient ist ihr gerade der, der es nicht hinnimmt, daß die Teilung der Geschichte in Geschichten beim Kunstwerk – etwa dem einzelnen Roman – gestoppt wird, sondern der – mit seiner hermeneutisch gesteigerten Rezeptionskunst – diese Gewaltenteilung gerade weitertreibt, indem er auf der Möglichkeit verschiedener Lektüren auch noch des einzelnen Werkes besteht. Der rezeptionsgeschichtlich definierte Rezipient will Vieldeutigkeit: Das ist – wie ich anderweitig zu zeigen versucht habe[12] – die späte Replik auf das Trauma der hermeneutischen Bürgerkriege um die heilsnotwendig eine richtige Deutung der einen absoluten Heilsgeschichte, die die Konfessionskriege waren, und die akute Replik auf das Trauma der hermeneutischen Bürgerkriege um die heilsnotwendig eine richtige Deutung der einen absoluten Weltgeschichte, zu denen die modernen Revolutionen geworden sind. Gegen ihre Tödlichkeit hilft nur die Teilung auch noch jener Gewalten, die die Interpretationen sind, deren Subjekt das lesende Publikum ist: Originalitas, non veritas, facit interpretationem. Jede der vielen Geschichten, in die die eine Geschichte literarisch geteilt wird, muß ihrerseits geteilt werden in viele verschiedene Lektüren, die zu anderen und immer wieder anderen Verständnisversionen führen können. Die Stunde der Rezeptive ist die Stunde der Teilung auch noch jener Gewalten, die die Lektüren sind.

Zugleich mit dem Rezipienten wurde – ästhetisch – der Begriff der Erfahrung zentral: Warum? Offenbar besteht die Gefahr, daß, wo der Rezipient zur neuen Gewalt wird, das Einzelwerk zur bloßen occasio – zum leeren Auslöser – beliebiger Interpretationen herunterkommt: Dafür würde – übrigens – im Extremfall ein einziges Kunstwerk genügen: und wozu dann die anderen[13]? Dieser Schwierigkeit entgeht der rezeptionsgeschichtliche Ansatz durch Aufmerksamkeit auf jene – datierbaren und objektivierbaren – »Erwartungshorizonte«, mit denen die Menschen leben, und von denen – indem die Werke sie verletzen – ihre Lektüren die Menschen partiell distanzieren. Hans Robert Jauß selber hat beschrieben, wie auch noch die Abweichung von der Erwartung zur Erwartung werden kann: Daß die »modernes« von den »anciens« abwichen, war selber die Vollstreckung einer Erwartung, ehe in der modernen Welt – seit der »Querelle« – auch noch von dieser Abweichungserwartung abgewichen wird mit Folgen besonderer Art[14]. Erwartungshorizonte sind ästhetisch das, was praktisch Üblichkeiten und theoretisch Vorurteile sind[15]. Wie Urteile stets nur partielle Abweichungen von jenen Vorurteilen sind, ohne die wir nicht leben können, sind ästhetische Rezeptionen Abweichungen von Erwartungen, in denen wir unvermeidlich stecken: Das einzelne Werk – der Roman, das Drama, das Gedicht sowie ihr Ausbruch aus dem Genre – dementiert die Erwartung der Rezipienten. Das aber – das Dementi der Erwartung durch das Veto einer Realität – ist das, was üblicherweise Erfahrung heißt[16]. So erhält der Begriff der Erfahrung im rezeptionsgeschichtlichen Ansatz zwanglos seine Stelle. Erfahrungen sind Erwartungskrisen; darum gilt normalerweise: Die Krise der Erwartung ist die Stunde der Erfahrung.

2. Interdisziplinärer Anlauf oder Erwartungskrise durch Erfahrungsverlust

Freilich: meine Frage ist dadurch noch nicht beantwortet. Ich wiederhole diese Frage noch einmal: Wie – im poetisch-hermeneu-

tischen Reiche des Ästhetischen – kommt es und woran liegt es, daß der Begriff der »ästhetischen Erfahrung« gegenwärtig zentral und zur titeldringlichen Losung wird? Offenbar gerade nicht deswegen, weil Erfahrung selbstverständlich ist, sondern im Gegenteil: weil sie aufgehört hat, es zu sein. Die Konjunktur des Begriffs der »ästhetischen Erfahrung« hängt – meine ich – mit einer Krise der Erwartung zusammen, die gerade verschieden ist von jener »normalen« Erwartungskrise, die die Erfahrung ist. Gerade diese andere Krise der Erwartung gibt es heute: denn wir leben in einer Welt der Erwartungskrise nicht mehr durch Erfahrung, sondern durch Mangel an Erfahrung: durch Erfahrungsverlust. Just weil das so ist, muß – meine ich – die Erfahrung eigens und in betonter Weise ästhetisch gerettet werden und ebendarum zugleich in Titeln von Büchern zum Beispiel von Jauß: etwa in die »Kleine Apologie der ästhetischen Erfahrung« und in ihre große Apologie »Ästhetische Erfahrung und literarische Hermeneutik«; und symptomatisch ist auch, daß gerade jetzt – 1980 – John Deweys »Art as Experience« ins Deutsche übersetzt wird[17].
Wir leben – ich wiederhole es – in einer Welt der Erwartungskrise nicht mehr durch Erfahrung, sondern durch Mangel an Erfahrung: durch Erfahrungsverlust. Das haben vor allem Reinhart Koselleck und Hermann Lübbe geltend gemacht[18], die dabei fast ausschließlich auf Phänomene diesseits des Ästhetischen sich bezogen. Indem ich ihre Überlegungen hier aufnehme, folge ich – nota bene – ein weiteres Mal Hans Robert Jauß: nämlich jetzt auf seinem Weg ins Interdisziplinäre, für den die Existenz der Gruppe »Poetik und Hermeneutik« das Zeugnis ist. Ein Romanist – scheint mir – hatte besonders günstige Startbedingungen für diesen Weg; denn die Romanistik war seit je die am meisten interdisziplinäre Literaturwissenschaft: So ist die heutige Konjunktur des Interdisziplinären wenigstens zum Teil die Fortsetzung der Romanistik unter Verwendung breiterer Mittel (das Interdisziplinäre also etwa Romanistik für die, die kein Französisch können). Diese Konjunktur des Interdisziplinären kompensiert das Kooperations-

siechtum und den Zusammenbruch der alten Interdisziplinaritätsagentur Fakultät so, daß sie – weil die interdisziplinären Arbeiten an universitätsferne Stätten auswandern – produktive Abwesenheiten vom unbehaglich gewordenen Reformhaus Universität begünstigt und gerade dadurch zusätzlich unwiderstehlich wird: als die Chance zu Kurzzeitemigrationen aus den Unbilden einer zu wenig gebremsten Hochschulreform[19]. Das befördert – malum – den Wissenschaftstourismus, gewinnt aber – bonum-durch-malum – gerade dadurch überregional und international jene Perspektiven, die das nur Fachliche und im literaturwissenschaftlichen Fall dann auch das bloß Ästhetische überschreiten.

Das tut auch jene These, als deren interdisziplinärer Hehler ich hier fungiere, indem ich wiederhole: Wir leben gegenwärtig in einer Welt der Erwartungskrise nicht mehr durch Erfahrung, sondern durch Mangel an Erfahrung: Durch jenen Erfahrungsverlust, der – das vor allem haben Koselleck und Lübbe durch Radikalisierung der Geschichtskrisentheorie aus Burckhardts »Weltgeschichtlichen Betrachtungen«[20] betont – aus der Beschleunigung des Wirklichkeitswandels in der modernen und gegenwärtigen Welt resultiert. Die Haltbarkeit der Lebenserfahrung läßt nach, weil in unserer Welt jene Situationen immer schneller veralten, in denen und für die sie erworben wurde. Zu diesem modernen Erfahrungsverlust durch Steigerung des Realitätsänderungstempos gehören eine Reihe von Phänomenen, von denen ich hier zwei nur scheinbar paradoxe eigens hervorhebe.

Das erste Phänomen ist dieses: Seit wir – durch die innovationsbeschleunigungsbedingte »Auflösung« des »Topos« »historia magistra vitae«[21] alias vita magistra vitae – durch Erfahrung und Erfahrungserinnerung immer weniger aus der Geschichte für die Geschichte und aus dem Leben fürs Leben lernen können, expandiert gleichzeitig – ersatzweise – das Lernen in großem Stile zum Pensum einer Sonderinstitution, die erst jetzt eigentlich entsteht: der Schule. Das moderne Zeitalter des Erfahrungsverlustes ist – als das pädagogische Zeitalter – die Ära der wachsend allgemeinen und lebenslangen Schulpflicht: schließlich vom Kindergarten über Schule nebst Hochschule und die Erwachsenenbildung bis zur Seniorenakademie. Dort aber lernt man unter den Bedingungen eines Wirklichkeitsmoratoriums: Als lebenslange Schüler lernen wir, indem wir Erfahrungen erwerben, die wir selber nicht wirklich machen; und zu Gewährsleuten dieser Erfahrungen und des Realitätsprinzips werden dann zugleich in wachsendem Maße die, die dieses Moratorium Schule niemals verlassen: das sind im weitesten Sinne die Lehrer, die darum schließlich unvermeidlicherweise die Realität durch die Schule definieren. Wie einst – von Schelling über Wagner bis zum Surrealismus – die Wirklichkeit mit der Kunst identifiziert wurde durch das Gesamtkunstwerk, wird jetzt die Wirklichkeit mit der Schule identifiziert durch die Gesamtschule: Die ganze Wirklichkeit soll – diskursiv – zum Seminar werden kraft des avantgardistischen Willens jener Oberschicht, deren Wirklichkeit das Oberseminar ist. Dabei ist die positive Wichtigkeit der Schule unbestreitbar; aber gerade sie befördert zugleich indirekt den Erfahrungsverlust, gegen den sie erfunden und ausgebaut wurde.

Das zweite Phänomen ist dieses: daß gerade modern – im Zeitalter des wachsenden Erfahrungsverlustes – die Erfahrungswissenschaften aufblühen. Wo die lebensweltliche Erfahrungsfähigkeit abnimmt, soll sie durch Delegation an Erfahrungsspezialisten gerettet werden: Darum werden gerade jetzt die exakten und »harten« Erfahrungswissenschaften institutionalisiert: das moderne Zeitalter des Erfahrungsverlustes wird die Ära der experimentellen Empirie. Je fleißiger, erfolgreicher, apparateintensiver und spezialsprachlicher aber ihre Erfahrungsexperten arbeiten, desto weniger können wir – und »wir« sind im Hinblick auf ihr spezielles Erfahrungspensum immer fast alle – ihnen noch wirklich folgen und müssen so immer mehr Erfahrungen hinnehmen, die wir nicht selber machen: In dem Maße, in dem für die wissenschaftlichen Erfahrungsspezialisten die Welt ausschließlich – wie Kant sagte – zum »Gegenstand möglicher Erfahrung« wird, hört sie zugleich für uns alle überwiegend auf, Gegenstand möglicher eigener Erfahrung zu sein. So befördert auch und gerade die moderne Konjunktur der Erfahrungswissenschaften – deren positive Wichtigkeit ebenfalls unbestreitbar ist – zugleich indirekt den Erfahrungsverlust, gegen den sie erfunden und ausgebaut wurden. Die elementare Folge des Erfahrungsverlustes ist unter anderem, daß Alter und Jugend sich immer weniger durch Erfahrenheitsunterschiede unterscheiden können; gerade das zwingt sie heute, ihre altersspezifische Identität anders, nämlich über demonstrativ theatralische Differenzspiele zu suchen. Das alles – und vieles andere mehr – gehört zum modernen Kultursyndrom des Erfahrungsverlustes, für das gilt: Durch die zunehmende Innovationsgeschwindigkeit der modernen Welt wächst zugleich die Veraltungsgeschwindigkeit der Lebenserfahrung; denn durch das steigende Tempo des Wirklichkeitswandels nimmt die Möglichkeit ab, Erfahrungen zu Erwartungen zu stabilisieren und damit für spätere Situationen applikabel und durch neue Erfahrungen enttäuschbar zu machen.

Erfahrung aber ist das Remedium gegen Weltfremdheit, und zwar, wenn ich es richtig sehe, das einzige. Weil aber heute die Dementierkraft der Erfahrung zunehmend leerläuft, verliert das Realitätsprinzip in wachsendem Maß die Chance, sich geltend zu machen; das bedeutet unter anderem: Man wird nicht mehr wirklich erwachsen, und Infantilisierungen beherrschen dann zunehmend die Szene. So wächst in der modernen Welt – tachogen – die Weltfremdheit. Denn die Erfahrung kann die Erwartung nicht mehr kontrollieren: Darum trennt sich – das besagt Kosellecks These von der zunehmenden »Kluft« zwischen »Erwartung« und »Erfahrung«, die Joachim Ritters Analyse der »Entzweiung« von »Zukunft und Herkunft« weiterführt und präzisiert[22] – es trennt sich die Erwartung von der Erfahrung und wird weltfremd: Die Menschen verwandeln sich zu erfahrungslosen Erwartern, und es kommt – im Zeitalter des Erfahrungsverlusts – zur großen Illusionierung der Erwartung. Ein Seitenphänomen dazu ist die Apriorisierung der normativen Erwartungen: die Flucht der Moral aus dem Erfahrungsverlust in den Erfahrungsverzicht, also in jenen Apriorismus der Ethik, der – trotz Hegels Einspruch – seit Kant für die moderne Ethik repräsentativ geworden ist und nicht lebbarer wird dadurch, daß man heute im Zeichen der Diskursethik diese Erfahrungsaskese kollektiv absolviert[23]. Dabei triumphiert weithin jene Gesinnungsethik, die sich als Verantwortungsethik tarnt, indem sie zur Ethik einer bloßen Verantwortungsgesinnung wird, die etwa Entsorgungsprobleme bei den eigenen Denkfolgen regelmäßig übersieht. Im übrigen werden durch Universalisierungspflichten die Erwartungen aus generösen zu generellen; das aber begünstigt den Zentralvorgang: jene große Utopisierung und Illusionierung der Erwartung, zu der ihre Futurisierung und Singularisierung gehört. Dabei lösen sich – nicht mehr durch Erfahrungen gebremst – die Erwartungen vom Gegenwärtigen und Nächsten und richten sich zunehmend aufs Künftige und Fernste und Letzte; und zugleich – nicht mehr durch Erfahrungen differenziert – fusionieren die Erwartungen zu einer einzigen großen Übererwartung: der eschatologischen Erwartung einer alsbald kommenden, zur vorhandenen ganz anderen und endgültig heilen Welt. Das betreibt vor allem die moderne Geschichtsphilosophie, von der revolutionären bis zur nur noch hoffenden: Durch sie wird das moderne Zeitalter des Erfahrungsverlusts zum »Zeitalter der Singularisierungen«[24], wie Koselleck das genannt hat; und dabei singularisiert sie dann nicht nur die Fortschritte zu dem Fortschritt, die Freiheiten zu der Freiheit, die Revolutionen zu der Revolution, die Geschichten zu der Geschichte, sondern vor allem auch die Erwartungen zu der Erwartung: zu der einen einzigen absoluten Totalerwartung, die über jede besondere Befriedigung und damit zugleich über jede wirkliche Enttäuschbarkeit hinaus ist, denn sie ist sozusagen a priori enttäuscht vom Vorhandenen, so daß Hoffnung und Enttäuschung identisch werden in der Dauerempörung. Ihr Prinzip Erwartung wird zum Prinzip Erfahrungsresistenz, zum Prinzip Illusion, zum Prinzip Unbelehrbarkeit. Das wiederum – die Unbereitschaft zur Korrektur durch Erfahrungen – verstärkt den Erfahrungsverlust. Der Erfahrungsverlust illusioniert die Erwartung; die Illusionierung der Erwartung steigert den Erfahrungsverlust. Das, dieser Teufelskreis, ist jene – moderne und heutige – Krise der Erwartung, von der ich sagte: Sie entsteht nicht durch Erfahrung, sondern gerade durch Mangel an Erfahrung: durch den modernen Erfahrungsverlust. Sie verdammt die Menschen dazu, fast nur noch erwartend und fast gar nicht mehr erfahrend zu existieren.

Ich meine nun: Diese moderne und gegenwärtig sich zuspitzende Erwartungskrise durch Erfahrungsschwund ist es, die die ästhetische Erfahrung unendlich wichtig macht[25]: Sie ist – weil die Menschen nicht ohne Erfahrung leben können – die Stunde der ästhetischen Erfahrung.

3. Subversiver Anlauf oder rezeptionsästhetischer Konservativismus

Darin steckt nun bereits die Antwort auf jene Frage, die ich hier – im Blick primär auf die Arbeiten von Hans Robert Jauß seit 1967, spätestens seit 1972[26] – aufgeworfen habe und die ich jetzt ein letztes Mal wiederhole: Wie kommt es und woran liegt es, daß der Begriff der »ästhetischen Erfahrung« gerade gegenwärtig fundamental und zur titeldringlichen Losung wird? Durch meine Antwort will ich diesen Vorgang nicht nur unterstreichen und verständlich machen, sondern auch unterstützen; genau das zu tun nenne ich hier zugleich subversiv, denn – wie man alsbald merken wird, wenn man es nicht ohnehin schon weiß – ich bin einer, der Positionen Schwierigkeiten einbringt nicht dadurch, daß er sie angreift, sondern dadurch, daß er ihnen beitritt. Was nun meine Antwort auf die hier leitende Frage betrifft, so ist dabei meine zentrale These die folgende: Der Erfahrungsverlust in der modernen und gegenwärtigen lebensweltlichen Realität – der die Erwar-

tung illusioniert und dadurch in die Krise treibt – wird versuchs-
weise kompensiert[27] durch ästhetische Erfahrung; und weil das so
ist – weil gerade gegenwärtig das reale Defizit an Lebenserfahrung
nach Kompensation durch ästhetische Erfahrung sozusagen
schreit – muß auch der Begriff der »ästhetischen Erfahrung«
gegenwärtig zentral und zur titeldringlichen Losung werden.
Die gegenwärtige Konjunktur der ästhetischen Erfahrung kompensiert also – meine ich – die moderne und heutige Krise der
Lebenserfahrung. Anders gesagt: Je mehr die moderne Wirklichkeit von der Erfahrung zur Erwartung tendiert, um so mehr
tendiert – kompensatorisch – die moderne Kunst und ihre Rezeption von der Erwartung zur Erfahrung[28], um die Erfahrung zu
retten: ins Ästhetische. Denn es nützt wenig, wie Dewey das
Ästhetische in der Erfahrung des Alltags zu entdecken, wenn wir
in einer Zeit leben, die ganz und gar umgekehrt auch noch die
Erfahrung des Alltags ins Ästhetische retten muß, um sie zu
behalten. Das aber geht nur – die gefährdete Lebenserfahrung
kann ins Ästhetische nur dann gerettet werden –, wenn das
Ästhetische (die Kunst und ihre Rezeption) sich selber als Erfahrung will und begreift. Das gelingt nicht, obwohl, sondern es
gelingt, gerade weil das Ästhetische »Genuß« ist, nämlich jener
Genuß, der Erfahrung ist: Erfahrungsgenuß[29]. Das – meine ich –
bekräftigt (noch diesseits aller Differenzierung in Poiesis, Aisthe-
sis, Katharsis) die Jauß-Formel der ästhetischen Erfahrung als
»Selbstgenuß im Fremdgenuß«[30], weil gerade diese Genußfigur
die Erfahrungsfigur impliziert: daß jeder sich selbst merken kann
nur dadurch, daß er sich jenem scheinbar Fremden öffnet, von
dem er dann merkt, daß es zu ihm gehört. Jedermann erfährt sich
einzig durch jene Abweichungen von sich selber, durch die er sich
selber erst einholt. So mobilisiert dieser »Selbstgenuß im Fremdgenuß« die Dementierkraft und die Akzeptierkraft der Erfahrung:
Diese Erfahrung dementiert, daß wir nur das sind, für das wir uns
bisher gehalten haben; und diese Erfahrung akzeptiert, daß wir
auch das sind, als was wir uns nunmehr bemerkt haben und fortan

erwarten. Das bedeutet nicht nur Innovationsfähigkeit, sondern auch Renovationsfähigkeit, das heißt Traditionsfähigkeit: Und zwar gerade in einer Zeit, in der zur wachsenden Veraltungsgeschwindigkeit die wachsende Geschwindigkeit der Veraltung auch ihrer Veraltungen gehört. Darum kollabieren in der ästhetischen Erfahrung nicht nur die Sperren gegen das, was noch nicht ist, sondern vor allem auch die Sperren gegen das, was schon da ist: Durch die ästhetische Erfahrung beenden wir unser Wegsehen und unsere Weigerung, das zu sein, was wir schon sind. Und der Genuß besteht dabei in jener Erleichterung, die aus der Ersparung von Selbstbornierungsaufwand resultiert[31]: Wir genießen dadurch, daß – indem unsere Verdrängungen kollabieren – wir uns die Anstrengung ersparen, dumm zu bleiben.

Unsere Dummheit vom Dienst aber – die regierende Einfalt der heutigen Welt: Das hatte ich geltend gemacht – ist die erfahrungslos und darum weltfremd gewordene Erwartung, die – weil keine vorhandene Erfüllung sie befriedigt – sich gegen die vorhandene Welt kehrt, um Schluß mit ihr zu machen im Namen des Heils: Durch eschatologische Weltvernichtung. Dem – meine ich – widersetzt sich die ästhetische Erfahrung, indem sie die Welt gerade festhält, konserviert. Einst tat sie das gegen den platonistischen und den christlich-eschatologischen Weltverzicht etwa – die mediävistisch-philologische Tierliebe unseres Jubelromanisten hat es erkundet[32] – dadurch, daß die Dichtung »unbotmäßig« selbst noch die Tierwelt mobilisierte, um in sie jene allzuweltlichen und allzumenschlichen Züge hineinzuretten, die dem Menschen offiziell verboten waren, wo er sich durch Weltverzichte verjenseitigen sollte. Heute geht die ästhetische Erfahrung in »ästhetische Distanz«[33] vor allem zum Illusionspotential der Erwartungshorizonte dort, wo diese – als Gesichtskreise mit dem Radius approximativ von Null[34] – nicht mehr Horizonte, sondern Scheuklappen sind bis hin zu jener absoluten Superscheuklappe der Jetztweltabschaffungsutopie, bei der man – weil man wegen dieser absoluten Scheuklappe nichts mehr sieht – endgültig nur noch dran

glauben muß. Die ästhetische Erfahrung desillusioniert und re-
pluralisiert daher die Erwartungshorizonte – indem sie gegen Einfalt Vielfalt setzt – durch jene Gewaltenteilung, von der ich ein-
gangs sprach: so schon dort, wo (auch das ist ein Jauß-Resultat)
die »Querelle des anciens et des modernes« gerade nicht mit der
Apotheose des Fortschritts endet, sondern – durch die Entdek-
kung des »beau relatif« – mit der Geburt des historischen Sinns[35],
so daß fortan – meine ich – der Historismus obligatorisch wird für
jede weitere Avantgarde, weil er schließlich (mit plaisir du con-
texte) am besten die Teilung auch noch jener Gewalten begünstigt,
die die Rezeptionen sind. Wenn das so ist, müssen allerdings –
scheint mir – die amtierenden Wonnevokabeln der gängigen
Kunstdefinition – Utopie, Vorschein, Kritik, Revolte – abdanken
zugunsten von ruhigeren und weniger leichtfertigen Bestimmun-
gen: eben Erfahrung, Genuß, Vielfalt, Erinnerung, Katharsis,
Identifizierung. An die Stelle der Erwartungskunst tritt dann die
Erfahrungskunst. Denn die Kunstwerke sind dann keine Haft-
minen zur Sprengung der Herkunftswelt, sondern jene weltaufbe-
wahrenden Vollstellen geballter Erfahrung, zu denen vielleicht
dann auch – als echte Teilmenge dieser Vollstellen – die Leerstel-
len[36] gehören. Die Kunst kompensiert unsere Weltfremdheit, den
modernen Realitätsverlust: Sie macht uns – wo die Realität dies
zunehmend erschwert – kompensatorisch erfahren; darum ist im
modernen Zeitalter der Infantilisierungen die ästhetische Erfahrung (widersetzlich gegen jede Apotheose der Verkindlichung, die
ein Mißverständnis ist) ein noch verbliebener Weg zum Erwach-
senwerden: Die Fähigkeit, alt zu sein, bevor man es ist. Insgesamt
aber gilt: Wo – modern und gegenwärtig – die Erfahrungswelt zur
bloßen Erwartungswelt wird, wird die Erfahrungswelt ästhetisch
festgehalten: Dadurch, daß die Kunst – gegenläufig – aus Erwartungskunst zur Erfahrungskunst wird. Oder, um die frühere
Formulierung zu wiederholen: Je mehr die moderne Wirklichkeit
von der Erfahrung zur Erwartung tendiert, um so mehr tendiert –
kompensatorisch – die moderne Kunst und ihre Rezeption von der

Erwartung zur Erfahrung, um die Erfahrung zu retten: Ins Ästhetische.

Daraus folgere ich etwas Waghalsiges, wenn auch natürlich nicht mit dem Nachdruck hoher rezeptionstheoretischer Reputation: Denn ich bin ja bei der Rezeptionsästhetik an der ästhetischen Rezeption nur der Nachtportier für jene Stunden, in denen alle schlafen und niemand mehr kommt. Dessenungeachtet folgere ich, und zwar etwas im heutigen kunstverarbeitenden Gewerbe Konterkonformistisches, etwas gegenüber seinem Subversionsenthusiasmen Subversives, nämlich: Es ist als Kompensation des realen Erfahrungsverlustes – justament im Zeichen der Konjunktur der ästhetischen Erfahrung – das fundamentale Pensum der Kunst weltfesthaltender Natur[37], also durchweg konservativ, wie denn überhaupt – gegen jedes Utopieprinzip – das »Prinzip Erfahrung«[38] auch im Ästhetischen eine konservative Losung ist. Ich weiß: gerade das nicht nur zu sagen und gerade heute zu sagen, sondern es obendrein auch noch ausgerechnet aus dem Ansatz von Hans Robert Jauß zu entwickeln, ist fürwahr ein starkes Stück. Aber was blieb – da, über Jauß zu reden, mir hier noch mehr verboten war als nicht über Jauß zu reden – denn anderes übrig als justament dies zu tun: Bedingungen zu formulieren, und das und nichts anderes habe ich getan, Bedingungen zu formulieren, unter denen ich selber bereit bin, Jaußianer zu sein. So trete ich bei diesem dritten Anlauf zum dritten Mal über – in die Häresie eines rezeptionsästhetischen Konservativismus.

Ich schließe, aber ich schließe – wie merklich geworden sein mag – aus der rezeptionsästhetischen Apologie der ästhetischen Erfahrung etwas durchaus anderes, als jene Ästhetiken es tun, die – als Eschatologien des Schlußmachens mit der vorhandenen Welt – die Kunstwerke und ihre Rezeptionen nur als (durch Formzwänge und Genußsucht behinderte) Heilsmittel der eschatologischen Weltaufhebung dulden. Ich schließe – ganz im Gegenteil – nämlich nicht aus, daß Kunstwerke Verlockungen sind zum Vorhandenen, Evidenzen gegen die eschatologische Weltbeendigung, Remedien gegen den Weltverzicht. So komme ich – als Philosoph des Stattdessen – hier statt zum soteriologischen Ende der Welt nur zum halbwegs pünktlichen Ende meiner Ausführungen, die im übrigen keine lückenlose Argumentationskette präsentierten, nichts Systematisches also, sondern – bei diesem heutigen Konstanzer Jubelkonzil – nur einen eher unordentlichen Haufen von Ideen, die scheitern: einen Scheiterhaufen also, der sich schließlich doch wohl richtig nur für eines eignet: nämlich zu Ehren unseres Jubilars – aus Anlaß seines Jubelfalls aus dem Arbeitsparadies seiner bisherigen Jahre in das Arbeitsparadies seiner künftigen Jahre – angezündet zu werden als Zeichen einer heißen und immer heißer werdenden Dankbarkeit. Und sollte es dabei erforderlich sein, auf diesem Scheiterhaufen ein Jubelopfer zu braten, dann wäre ja wohl klar, wer das sein müßte: Ich; denn immerhin habe ich hier – und das auch noch vorsätzlich – eine ganze Menge von Dingen gesagt, die in den avantgardistischen Ohren von Progressionsfreunden häretisch klingen müssen, und dies nun ausgerechnet in einer Stadt, die weltberühmt ist dafür, daß sie schon immer Häretikern freies Geleit feierlich zugesichert hat. Würdiger Jubilar, lieber Hans, verehrte Konstanzer Mitkonzilianten: Wenn es denn sein muß, das Gebratenwerden – ich stehe zur Verfügung.

Anmerkungen:

[1] »Si Dieu n'existait pas, il faudrait l'inventer«: VOLTAIRE, *Oeuvres complètes* XIII, S. 382.

[2] H. R. JAUSS, *Literaturgeschichte als Provokation der Literaturwissenschaft* (1966), in: ders., Literaturgeschichte als Provokation, Frankfurt 1967, bes. S. 175 ff.; vgl. S. 200 mit dem Hinweis auf: ders., *Untersuchungen zur mittelalterlichen Tierdichtung* (Beihefte zur Zeitschrift für romanische Philologie 100), Tübingen 1959.

[3] H. R. JAUSS, *Literaturgeschichte als Provokation*, S. 175; ders., *Kleine Apologie der ästhetischen Erfahrung*, Konstanz 1972; ders., *Negativität und Identifikation. Versuch zur Theorie der ästhetischen Erfahrung*, in: H. Weinrich (Hrsg.), Positionen der Negativität (Poetik und Hermeneutik VI), München 1975, S. 263–339; ders., *Ästhetische Erfahrung als Zugang zu mittelalterlicher Literatur* (1975), in: ders., Alterität und Modernität der mittelalterlichen Literatur, München 1977, S. 411–427; ders., *Ästhetische Erfahrung und literarische Hermeneutik I: Versuche im Feld der ästhetischen Erfahrung*, München 1981.

[4] Heidelberg 1955; vgl. S. 51: »Abkehr von der Geschichte« und »Kritik der historischen Vernunft«.

[5] Vgl. H. R. JAUSS, *Zur Abgrenzung und Bestimmung einer literarischen Hermeneutik*, in: M. Fuhrmann/H. R. Jauß/W. Pannenberg (Hrsg.), Text und Applikation. Theologie, Jurisprudenz und Literaturwissenschaft im hermeneutischen Gespräch, München 1981, S. 459–481, bes. S. 467 ff.; ders., *Der fragende Adam – Zur Funktion von Frage und Antwort in literarischer Tradition*, a. a. O., S. 551–560.

[6] H. R. JAUSS, *Zeit und Erinnerung*, S. 51; vgl. S. 14–53.

[7] A. a. O., S. 53: »im Horizont der offenen Zeit«.

[8] Vgl. Verf., *Abschied vom Prinzipiellen*, Stuttgart 1981, S. 91–116.

[9] Vgl. a. a. O., S. 19.

[10] MONTESQUIEU, *De l'Esprit des Lois*, 11. 6.: »La liberté politique dans un citoyen est cette tranquillité d'esprit qui provient de l'opinion que chacun a de sa sûreté«, in: Oeuvres complètes (Laboulaya) IV, S. 7.

[11] Zum Problem vgl. H. R. Jauß (Hrsg.), *Nachahmung und Illusion* (Poetik und Hermeneutik I), München 1964.

[12] Vgl. Verf., *Frage nach der Frage, auf die die Hermeneutik die Antwort ist*, in: Philosophisches Jahrbuch 88 (1981), S. 1–19 und in: Verf., Abschied vom Prinzipiellen, S. 117–146.

[13] Vgl. Verf., *Das Fiktive als ens realissimum*, in: D. Henrich / W. Iser (Hrsg.), Funktion des Fiktiven (Poetik und Hermeneutik X), S. 489–495, bes. S. 491 ff.

[14] H. R. JAUSS, *Literarische Tradition und gegenwärtiges Bewußtsein der Modernität* (1965), in: ders., Literaturgeschichte als Provokation, S. 11–66.

[15] Vgl. Verf., *Über die Unvermeidlichkeit von Üblichkeiten*, in: W. Oelmüller (Hrsg.), Normen und Geschichte (Materialien zur Normendiskussion III),

Paderborn 1979, S. 332–342, bes. S. 336 f.: Mir scheint die Einführung der »Erwartungshorizonte« (Plural) mit der Rehabilitierung der »Vorurteile« (Plural) – vgl. H. G. GADAMER, *Wahrheit und Methode*, Tübingen 1960, ³1972, bes. S. 255, 261 ff. – und der »Präjudizien« (Plural) – vgl. M. KRIELE, *Theorie der Rechtsgewinnung*, Berlin 1967, zusf. S. 312 – bzw. des »Status quo« als »Anknüpfungsgröße« – vgl. N. LUHMANN, *Status quo als Argument*, in: H. Baier (Hrsg.), Studenten in Opposition. Zur Soziologie der deutschen Hochschule, Bielefeld 1968, S. 73–82 – vergleichbar und die »normbrechende« und dadurch »normbildende Funktion« der Kunst – vgl. H. R. JAUSS, *Kleine Apologie der ästhetischen Erfahrung*, S. 42 – der ästhetisch gelungene Fall der Übernahme jener Beweislast zu sein, die unvermeidlich der Veränderer hat.

[16] Vgl. H. G. GADAMER, *Wahrheit und Methode*, bes. S. 335 ff.; G. BUCK, *Lernen und Erfahrung. Zum Begriff der didaktischen Induktion*, Stuttgart 1967, ²1969.

[17] Vgl. oben Anm. 3 und J. DEWEY, *Kunst als Erfahrung*, Frankfurt 1980.

[18] Vgl. bes. R. KOSELLECK, *Vergangene Zukunft. Zur Semantik geschichtlicher Zeiten*, Frankfurt 1979; H. LÜBBE, *Erfahrungsverluste und Kompensationen. Zum philosophischen Problem der Erfahrung in der gegenwärtigen Welt*, in: Gießener Universitätsblätter 12 (1979), S. 42–53.

[19] Vgl. H. R. Jauß / H. Nesselhauf (Hrsg.), *Gebremste Reform. Ein Kapitel deutscher Hochschulgeschichte*, Konstanz 1977; vgl. Verf., *Einige Bemerkungen über das Gruppenverhalten in der Gruppenuniversität* (1981), in: H. A. Glaser (Hrsg.), Hochschulreform – und was nun? Frankfurt/Berlin/Wien 1982, S. 94–110, bes. S. 108 f.

[20] J. BURCKHARDT, *Weltgeschichtliche Betrachtungen* (1868) IV: Die geschichtlichen Krisen, Gesammelte Werke IV, S. 116 ff., interpretiert als »beschleunigte Prozesse«.

[21] R. KOSELLECK, a. a. O., S. 38 ff.

[22] R. KOSELLECK, *›Erfahrungsraum‹ und ›Erwartungshorizont‹ – zwei historische Kategorien*, a. a. O., S. 349 ff.; vgl. J. RITTER, *Subjektivität*, Frankfurt 1974, S. 27: »Die mit der Gesellschaft beginnende Zukunft verhält sich diskontinuierlich zur Herkunft.«

[23] Vgl. Verf., *Das Über-Wir. Bemerkungen zur Diskursethik* (1981), erscheint in: K. Stierle / R. Warning (Hrsg.), Das Gespräch (Arbeitstitel) (Poetik und Hermeneutik XI), München voraussichtlich 1983.

[24] R. KOSELLECK, a. a. O., S. 265.

[25] Aus dem gleichen Grund wie die Hermeneutik: vgl. Verf., *Felix culpa? Bemerkungen zu einem Applikationsschicksal von Genesis 3*, in: M. Fuhrmann / H. R. Jauß / W. Pannenberg (Hrsg.), Text und Applikation (Poetik und Hermeneutik IX), S. 53–71, bes. S. 68 ff.

[26] Vgl. die oben in Anm. 3 genannten Arbeiten.

[27] Vgl. Verf., *Kompensation. Überlegungen zu einer Verlaufsfigur historischer Prozesse*, in: K. G. Faber / Chr. Meier (Hrsg.), Historische Prozesse (Theorie der Geschichte II), München 1978, S. 330–362.

[28] Vgl. Verf., *Kunst als Antifiktion. Bemerkungen über den Weg der Wirklichkeit ins Fiktive*, in: D. Henrich / W. Iser (Hrsg.), Funktion des Fiktiven (Poetik und Hermeneutik X), München 1982, S. 35–54, bes. S. 53; vgl. Verf., *Kunst als Kompensation ihres Endes*, in: W. Oelmüller (Hrsg.), Ästhetische Erfahrung (Kunst und Philosophie I), Paderborn 1981, bes. S. 167/168.

[29] Definiert gegen die »asketische« Ästhetik der »Negativität«: »Das genießende Verhalten, das Kunst auslöst und ermöglicht, ist die ästhetische Urerfahrung«: H. R. JAUSS, *Kleine Apologie der ästhetischen Erfahrung*, S. 7, bzw. »die ästhetische Erfahrung par excellence«: H. R. JAUSS, *Negativität und Identifikation*, S. 272; vgl. ders., *Ästhetische Erfahrung und literarische Hermeneutik I*, S. 46.

[30] A. a. O., S. 59 ff.

[31] Vgl. Verf., *Exile der Heiterkeit*, in: W. Preisendanz / R. Warning (Hrsg.), Das Komische (Poetik und Hermeneutik VII), München 1976, S. 150; vgl. Verf., *Vernunft als Grenzreaktion*, in: H. Poser (Hrsg.), Wandel des Vernunftbegriffs, Freiburg/München 1981, S. 107–133.

[32] H. R. JAUSS, *Untersuchungen zur mittelalterlichen Tierdichtung*, Tübingen 1959; ders., *Alterität und Modernität der mittelalterlichen Literatur. Gesammelte Aufsätze 1956–1976*, München 1977, bes. S. 26 ff., S. 49 ff.

[33] H. R. JAUSS, *Literaturgeschichte als Provokation*, S. 177; zur »Unbotmäßigkeit« der Kunst vgl. zusf.: H. R. JAUSS, *Ästhetische Erfahrung und literarische Hermeneutik I*, S. 64 ff., sowie – sozusagen als Fallstudie – H. R. Jauß (Hrsg.), *Die nicht mehr schönen Künste. Grenzphänomene des Ästhetischen* (Poetik und Hermeneutik III), München 1968.

[34] Variante zu D. Hilbert: »Ein Standpunkt ist ein Gesichtskreis mit dem Radius Null.«

[35] H. R. JAUSS, *Ursprung und Bedeutung der Fortschrittsidee in der ›Querelle des Anciens et des Modernes‹*, in: H. Kuhn / F. Wiedmann (Hrsg.), Die Philosophie und die Frage nach dem Fortschritt. Verhandlungen des 7. Deutschen Kongresses für Philosophie, Münster 1962, München 1964, S. 51–72; vgl. den Bericht über die Diskussion dieses Referats von T. (= EDELTRAUT LUISE) MARQUARD, a. a. O., S. 305–308.

[36] W. ISER, *Die Appellstruktur der Texte. Unbestimmtheit als Wirkungsbedingung literarischer Prosa* (1970), in: R. Warning (Hrsg.), Rezeptionsästhetik. Theorie und Praxis, München 1975, S. 228–252, bes. S. 235 ff.

[37] Vgl. H. R. JAUSS, *Negativität und Identifikation*, S. 300: Kunst will angesichts »der verkümmerten Erfahrung . . . die Erfahrung von Welt . . . bewahren«.

[38] Vgl. H. SCHELSKY, *Die Hoffnung Blochs*, Stuttgart 1979, S. 230.

Professor Dr. phil. Odo MARQUARD, ordentlicher Professor für Philosophie an der Universität Gießen, wurde am 26. Februar 1928 in Stolp/Pommern geboren. Er studierte Philosophie, Germanistik und Theologie an den Universitäten Münster und Freiburg i. Br. 1954 promovierte er in Freiburg und war anschließend als wissenschaftlicher Assistent an der Universität Münster tätig, wo er sich 1963 für das Fach Philosophie habilitierte. Von 1965 bis 1967 gehörte er dem Gründungs-beirat der Universität Bielefeld an. 1965 wurde er auf den Lehrstuhl für Philo-sophie II der Justus-Liebig-Universität Gießen berufen. Dort war er 1970/71 Dekan der Philosophischen Fakultät, anschließend Gründungssprecher und seither mehrfach Geschäftsführender Direktor des Zentrums für Philosophie und Grund-lagen der Wissenschaft. Von 1972 bis 1976 war er Fachgutachter der DFG und seit 1980 ist er als Mitglied des Wissenschaftlichen Beirats der Leibnizforschungsstellen in Hannover und Münster sowie des Wissenschaftlichen Beirats der Werner-Reimers-Stiftung Bad Homburg tätig. Für das Studienjahr 1982/83 wurde er als Fellow an das Wissenschaftskolleg zu Berlin berufen.

Wichtigste Veröffentlichungen: Skeptische Methode im Blick auf Kant, 1958 (²1978, ³1982); Schwierigkeiten mit der Geschichtsphilosophie, 1973 (²1982); Abschied vom Prinzipiellen, 1981 (²1982). Herausgeber (zusammen mit K. Stierle): Identität (Poetik und Hermeneutik VIII), 1979. Mitherausgeber: Historisches Wörterbuch der Philosophie, 1971 ff.; H. Plessner, Gesammelte Schriften, 1980 ff. Aufsätze zur Geschichtsphilosophie, Anthropologie, Ästhetik, Hermeneutik, Ethik, Begriffsgeschichte.

Die beiden vorliegenden Texte geben die Reden wieder, die am 12. Dezember 1981 in Konstanz anläßlich des 60. Geburtstages von Professor Dr. Hans Robert Jauß gehalten wurden.

Konstanzer Universitätsreden
Begründet 1963 und herausgegeben bis 1981
von Gerhard Hess, ab 1982 von Horst Sund

76. Peter Böger: Photosynthese und pflanzliche Produktivität
77. Hans Robert Jauß: Kurt Badts Apologie der Kunst; Max Imdahl: Wandel durch Nachahmung: Rembrandts Zeichnung nach Lastmans »Susanna im Bade« · Vorträge Kurt Badt zu Ehren
78. Wolfram Kutsch: Neuroethologie – auf der Suche nach den Grundlagen des Verhaltens
79. Klaus Heiner Kamps: Vollkommene Zahlen
80. Werner Rathmayer: Wirklichkeit und Interpretation von Bildern: Die Rolle von Auge und Gehirn beim Sehen
81. Ralf Dahrendorf: Die Staatsräson der Bundesrepublik Deutschland
82. Rolf Knippers: Biologisches zur Krebsentstehung
83. Ferdinand Hucho: Gedächtnismoleküle
84. Helmut Plattner: Biologische Ultrastrukturforschung: Wege, Ziele und Grenzen
85. Jürgen Brickmann: Chemie als nichtempirische Wissenschaft
86. Winfried Boos: Intelligente Bakterien; Chemotaxis als primitives Modell von Reizleitungssystemen
87. Dieter Lorenz: Wissenschaftsfreiheit zwischen Kirche und Staat
88. Klaus Volk: Wahrheit und materielles Recht im Strafprozeß
89. Jean Starobinski: Rousseaus Anklage der Gesellschaft
90. Iring Fetscher: Überlebensbedingungen der Menschheit – zur Dialektik des Fortschritts
91. Christoph Schwarze: Sprachschwierigkeiten, Sprachpflege, Sprachbewußtsein · Das Phänomen der »Chroniques de Langage«
92. Thomas Ellwein: Über politische Verantwortung
93. Albrecht Wellmer: Praktische Philosophie und Theorie der Gesellschaft · Zum Problem der normativen Grundlagen einer kritischen Sozialwissenschaft
94. Werner Lehfeldt: Perspektiven der »Vergleichenden Grammatik« der slavischen Sprachen
95. Bernd Effe: Die Genese einer literarischen Gattung: Die Bukolik
96. Ulrich Hübner: Die methodische Entwicklung des Internationalen Wirtschaftsrechts
97. Hans J. Schneider: Über das Schweigen der Philosophie zu den Lebensproblemen
98. Eckart Frehland: Über den Fortschritt in der Physik

143. Hugo Seiter: Juristenausbildung zwischen Tradition und Reform

Die Reihe Konstanzer Universitätsreden wird fortgesetzt